Colección
Convención ONU

EL MECANISMO INDEPENDIENTE DE SEGUIMIENTO DE LA CONVENCIÓN INTERNACIONAL SOBRE LOS DERECHOS DE LAS PERSONAS CON DISCAPACIDAD

CERMI

COMITÉ ESPAÑOL
DE REPRESENTANTES
DE PERSONAS
CON DISCAPACIDAD

tresmayo
Día Nacional en España
Convención Internacional
sobre los Derechos de las Personas con Discapacidad

ediciones
cinca

Ediciones Cinca

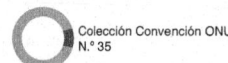

Colección Convención ONU
N.º 35

DIRECTORES:
Luis Cayo Pérez Bueno
Gregorio Saravia Méndez

CON EL APOYO DE:

PRIMERA EDICIÓN: febrero 2024

© DEL TEXTO: CERMI, 2024
© ILUSTRACIÓN DE CUBIERTA: David de la Fuente Coello, 2023.

DISEÑO DE LA COLECCIÓN:
Juan Vidaurre

**PRODUCCIÓN EDITORIAL,
COORDINACIÓN TÉCNICA
E IMPRESIÓN:**
Grupo Editorial Cinca
c/ General Ibáñez Íbero, 5A
28003 Madrid
Tel.: 91 553 22 72.
grupoeditorial@edicionescinca.com
www.edicionescinca.com

DEPÓSITO LEGAL: M-3855-2024
ISBN: 978-84-10167-01-8

El PDF accesible y el EPUB de esta obra están disponibles a través del siguiente código QR:

EL MECANISMO INDEPENDIENTE DE SEGUIMIENTO DE LA CONVENCIÓN INTERNACIONAL SOBRE LOS DERECHOS DE LAS PERSONAS CON DISCAPACIDAD
Guía del CERMI

Gregorio Saravia Méndez

COMITÉ ESPAÑOL
DE REPRESENTANTES
DE PERSONAS
CON DISCAPACIDAD

tresmayo
Día Nacional en España
Convención Internacional
sobre los Derechos de las Personas con Discapacidad

ediciones
cinca

ÍNDICE

INTRODUCCIÓN

Dentro del ámbito de la defensa y promoción de los derechos de las personas con discapacidad en España, junto con los logros, hay que señalar las resistencias jurídicas, políticas y sociales que aún subsisten y que operan como obstáculos para que la discapacidad se termine de convertir en una cuestión de derechos humanos y se alcance de forma más completa e integral la dignidad de las personas con discapacidad en todos los ámbitos de sus vidas. Son muchos también los retos pendientes para que la legislación española, en sus diferentes materias, se adecúe a los mandatos de la Convención sobre los Derechos de las Personas con Discapacidad (Convención) del año 2006.

Desde su nacimiento, hace 26 años, el CERMI ha asumido la obligación de promover y proteger los derechos de las personas con discapacidad y, a dicho compromiso, luego se sumó, desde 2011, el de supervisar en España el cumplimiento de la citada Convención. En tanto que asociación representativa en el ámbito estatal de los diferentes tipos de discapacidad, el CERMI ha trabajado y seguirá trabajando intensamente y en colaboración con las distintas organizaciones de la familia ONU para hacer de los derechos humanos una realidad tangible.

La enorme trascendencia que tiene desde su aprobación la Convención responde a lo que supuso y supone un cambio de paradigma en el tratamiento jurídico de la discapacidad, al enfocarlo como un ejercicio de derechos humanos jurídicamente vinculante para los diferentes Estados que se adhirieron. A partir de los años ochenta del siglo pasado, se comenzó a abrir paso este cambio de paradigma que es el modelo social de la discapacidad. Este modelo tiene dos pilares centrales. Por un lado, las causas que originan la discapacidad no son científicas, sino sociales. Por otro lado, se establece la condición irrevocable de la persona con discapacidad como persona humana, a partir de la premisa de que toda vida humana es igual de digna.

La variedad de cuerpos jurídicos internacionales de derechos humanos debe asumir con total naturalidad que no se trata de normalizar al individuo con discapacidad, sino de repensar a las sociedades. Todo esto supone actuar, además de en el ámbito sanitario y asistencial clásico, en todos aquellos campos o ámbitos que incidan en los derechos de las personas con discapacidad. Y hacerlo de una forma transversal. En este sentido, los Estados son actores fundamentales o pueden llegar a serlo en la medida en que se tomen en serio la obligación de realizar aquellas modificaciones legislativas necesarias para implementar en sus ordenamientos las obligaciones legales derivadas de los instrumentos internacionales de derechos humanos y en particular de la Convención.

El poder transformador de la política necesita nutrirse de datos: información concreta, contrastada y fiable que cumple con una misión de primera relevancia como es poner sobre la mesa la discriminación, existente y percibida que las personas con discapacidad aún tienen que padecer.

Desde el CERMI consideramos que resulta indispensable llevar adelante una serie de labores de difusión e incluso pedagogía dentro de la sociedad en general y de las propias personas con discapacidad y sus familias para el fomento de sus derechos. Con la finalidad de contribuir a la toma de conciencia, la lucha contra los estereotipos, los prejuicios y las prácticas nocivas respecto de las personas con discapacidad, se ha impulsado esta Guía.

Potenciar el desarrollo y efectividad de los derechos de las personas con discapacidad también pasa por contar con el conocimiento suficiente acerca del contenido material y sustantivo del articulado de la Convención.

En las décadas de los años ochenta, noventa y dos mil, España ha ido ratificando la casi totalidad de los instrumentos internacionales de protección de los derechos humanos, tanto en el ámbito europeo como en el sistema internacional, y ha ido aceptando expresamente la competencia de los órganos de supervisión establecidos. Sin embargo, siguen existiendo déficits en el ordenamiento jurídico porque actualmente no están materializados los cauces para dotar de efectividad a las resoluciones de los órganos de supervisión. En virtud de ello, ocurre la paradójica situación de que se declara la violación por España de un derecho reconocido en alguno de los tratados, pero resulta imposible proporcionar a la víctima una respuesta adecuada.

Desde su aprobación en el año 2006, numerosos Estados han ratificado la Convención, lo que representa un gran avance para el reconocimiento y garantía de los derechos de las personas con discapacidad.

Un aspecto central de la Convención es su aplicación y la supervisión de su cumplimiento. Por ello, el artículo 33 de la Convención establece un marco para la aplicación y seguimiento a nivel nacional, en el que dispone:

«Artículo 33. Aplicación y seguimiento nacionales

1. Los Estados Parte, de conformidad con su sistema organizativo, designarán uno o más organismos gubernamentales encargados de las cuestiones relativas a la aplicación de la presente Convención y considerarán detenidamente la posibilidad de establecer o designar un mecanismo de co-

ordinación para facilitar la adopción de medidas al respecto en diferentes sectores y a diferentes niveles.

2. Los Estados Parte, de conformidad con sus sistemas jurídicos y administrativos, mantendrán, reforzarán, designarán o establecerán, a nivel nacional, un marco, que constará de uno o varios mecanismos independientes, para promover, proteger y supervisar la aplicación de la presente Convención. Cuando designen o establezcan esos mecanismos, los Estados Parte tendrán en cuenta los principios relativos a la condición jurídica y el funcionamiento de las instituciones nacionales de protección y promoción de los derechos humanos».

En el apartado 33.1 se indica que los Estados parte deben contar uno o más organismos gubernamentales encargados de la aplicación de la Convención, es decir, con uno o varios puntos focales.

Y el apartado 33.2 establece que los Estados tienen que contar con un órgano independente que promueve, proteja y supervise la Convención, es decir, un Mecanismo Independiente de Seguimiento (MIS).

Además, siguiendo lo establecido en el artículo 33.3 la sociedad civil y las entidades vinculadas a la discapacidad siempre deben estar representadas y tener un rol protagónico.

Este documento es una Guía para las organizaciones, entidades de la discapacidad y también para la sociedad civil, respecto a qué es, cómo funciona y para qué sirve el mecanismo independiente de seguimiento de la Convención.

1. ¿QUÉ ES EL MIS? EL MECANISMO INDEPENDIENTE DE SEGUIMIENTO

La Convención establece en su artículo 33 sobre aplicación y seguimiento nacionales, que los Estados Parte tienen que designar uno o más organismos gubernamentales encargados de las cuestiones relativas a la aplicación de esta, así como la posibilidad de establecer o designar un mecanismo de coordinación para facilitar la adopción de medidas al respecto en diferentes sectores y a diferentes niveles.

En cuanto a la aplicación de la Convención, debemos remitirnos al apartado 33.1, el cual exige a los Estados Parte que designen a una entidad gubernamental encargada de supervisar la aplicación de la Convención. Debido a que la Convención no especifica las características del punto focal, este podría ser un ministerio, una comisión, una institución de derechos humanos.

Respecto a el seguimiento de la Convención el apartado 33.2, indica que los Estados Parte tienen que designar o establecer un marco independiente, para promover, proteger y supervisar a la misma.

Para la designación y establecimiento de un mecanismo independiente es fundamental que los Estados tomen en cuenta los denominados «Principios de París»[1], que son recomendaciones adoptadas por Asamblea General de las Naciones Unidas relativas al estatuto y funcionamiento de las instituciones nacionales de protección y promoción de los derechos humanos.

Estos principios establecen un marco para la composición, competencias y atribuciones de las instituciones, indicando que:

- Los organismos designados deben ser independientes al gobierno y establecidos en la legislación nacional;
- Deben contar con un mandato amplio para promover, proteger y supervisar;
- Ser pluralistas en su funcionamiento y composición;
- Estar adecuadamente financiados;
- Ser independientes;
- Accesibles para el público;
- Contar con poderes de investigación;
- Poseer facultades para presentar recomendaciones y propuestas.

---

[1] Asamblea General de Naciones Unidas, Principios relativos al estatuto de las Instituciones Nacionales (Principios de París) 20 diciembre 1993, Resolución 48/134. Disponible en: https://www.ohchr.org/es/instruments-mechanisms/instruments/principles-relating-status-national-institutions-paris

En la práctica, las Instituciones Nacionales de Derechos Humanos, al tratarse de entidades totalmente independientes de los gobiernos, son usualmente designadas como mecanismos independientes de seguimiento. Sin embargo, la Convención indica que puede ser más de un organismo designado como mecanismos de supervisión.

El Comité sobre los Derechos de las Personas con discapacidad, ha reconocido la importancia de los mecanismos independientes ya que desempeñan un papel fundamental en el proceso de vigilancia de la Convención, en la promoción del cumplimiento a nivel nacional y en la facilitación de las acciones coordinadas de los agentes nacionales, incluidas las instituciones estatales y la sociedad civil, para proteger y promover los derechos humanos. Especial importancia tiene la participación activa de las organizaciones de personas con discapacidad en los mecanismos independientes. Por ello, la inclusión de las organizaciones de personas con discapacidad en el marco de supervisión independiente y en su labor puede adoptar diversas formas, por ejemplo, a través de puestos en la junta directiva de los marcos de supervisión independientes o de órganos consultivos de los mismos[2].

---

[2] Comité sobre los Derechos de las Personas con Discapacidad, Observación General N°8, 9 de noviembre de 2018, CRPD/C/GC/7. Disponible en: https://docstore.ohchr.org/Self-Services/FilesHandler.ashx?enc=6QkG1d%2FPPRiCAqhKb7yhsnbHatvuFkZ%2Bt93Y3D%2Baa2pjFYzWLBu0vA%2BBr7QovZhbuyqzjDN0plweYI46WXrJJ6aB3Mx4y%2FspT%2BQrY5K2mKse5zjo%2BfvBDVu%2B42R9iK1p

Los mecanismos independientes tienen responsabilidades en cuanto a la promoción, protección y seguimiento.

La promoción se vincula a la sensibilización, capacitación y difusión en torno a la Convención y sobre los derechos de las personas con discapacidad y los esfuerzos para combatir la discriminación.

La protección está relacionada a la capacidad para realizar investigaciones, brindar asistencia jurídica y recibir quejas.

Y el seguimiento implica revisar el cumplimiento legal y práctico por parte del Estado Parte de las obligaciones de la Convención, esto incluye identificar e impulsar los cambios necesarios para facilitar la implementación de la Convención, preparar informes alternativos para el Comité de la Convención, el Examen Periódico Universal y otros procesos internacionales de supervisión pertinentes.

Según se ha explicado, cada Estado puede configurar su mecanismo independiente según sus propias particularidades. Por ejemplo, en Alemania hay solo un organismo designado como mecanismo de seguimiento y corresponde a su Institución Nacional de Derechos humanos. En Francia se designó como mecanismo de seguimiento al Defensor Público de los Derechos; el Consejo Consultivo Nacional de Derechos Humanos y el Consejo Consultivo Nacional de

Personas con Discapacidad. En Portugal cuentan con el Mecanismo Nacional para el seguimiento y la implementación de la Convención. En Nueva Zelanda la Comisión de Derechos Humanos y la Oficina del Defensor del Pueblo han sido designadas para el marco de monitoreo independiente. Y en Perú la Defensoría del Pueblo cumple el rol de mecanismo independiente.

1.1. Protocolo Facultativo

El Protocolo Facultativo de la Convención de los Derechos de las Personas con Discapacidad fue adoptado por la Asamblea General de Naciones Unidas con fecha 13 de diciembre de 2006.

Su contenido se desarrolla a lo largo de 18 artículos, y establece un procedimiento de comunicaciones, que permite a las personas físicas presentar denuncias individuales al Comité sobre los Derechos de las Personas con Discapacidad si creen que se han violado los derechos protegidos por la Convención.

Este Protocolo amplía los mecanismos para proteger y hacer valer los derechos de las personas con discapacidad. Ofrece la posibilidad de acceder a una instancia internacional cuando los recursos nacionales no hayan brindado una solución satisfactoria.

Las denuncias individuales son presentadas al Comité sobre los Derechos de las Personas con Discapacidad que tiene competencia para recibir peticiones o denuncias de personas de un Estado Parte de la Convención. El Comité puede decidir sobre la admisibilidad de la denuncia y hará llegar sus sugerencias y recomendaciones si concluyese que se ha producido una violación. Además, el Comité está facultado para realizar investigaciones, que pueden incluir una visita al territorio si el Estado está de acuerdo, cuando exista información fiable de violaciones graves o sistemáticas por el Estado Parte.

A lo largo del desarrollo de la investigación de cualquier denuncia, el Comité sobre los Derechos de las Personas con Discapacidad pondrá en conocimiento del Estado Parte, de forma confidencial, toda comunicación que reciba con arreglo al presente Protocolo y el Estado debe presentar por escrito explicaciones o declaraciones en las que se aclare la cuestión y se indique si hubo medidas correctivas.

Además, el Comité puede requerir a los Estados colaborar en el examen de la información y realizar observaciones.

En este sentido, la importancia de la colaboración activa de un mecanismo independiente con el Estado para la investigación, examen de la información y realización de observaciones, fortalece el desarrollo e implementación de los derechos asegurados en la Convención.

1.2. El Comité sobre los Derechos de las Personas con Discapacidad

El Comité sobre los Derechos de las Personas con Discapacidad es un órgano de expertos independientes establecido de acuerdo con la Convención sobre los Derechos de las Personas con Discapacidad. Su función principal es supervisar la implementación de la Convención por parte de los Estados que son parte de este tratado. A través de su compromiso y cooperación con los Estados Parte, el Comité defiende los derechos humanos de las personas con discapacidad, y proporciona a los Estados Parte recomendaciones para apoyar la aplicación de las disposiciones consagradas en la Convención.

Todos los Estados Parte presentan informes periódicos al Comité sobre la aplicación de los derechos consagrados en la Convención. Los Estados deben informar inicialmente en el plazo de dos años tras la ratificación de la Convención y, posteriormente, cada cuatro años (artículo 35 de la Convención).

Los Estados deben considerar el proceso de presentación de informes, incluida la preparación de estos, como una forma de garantizar el cumplimiento de sus obligaciones internacionales. Los informes se benefician de una amplia consulta y de un compromiso constructivo. Los Estados Parte deben alentar y facilitar la participación de las personas con discapacidad, las organizaciones de la sociedad civil y las Instituciones Nacionales de Derechos Humanos en la preparación de sus informes.

El Comité examina cada informe y formula recomendaciones para reforzar la aplicación de la Convención en ese Estado. Transmite estas recomendaciones, en forma de observaciones finales, al Estado Parte en cuestión.

El Comité, acorde a lo indicado en el Protocolo Facultativo, también puede recibir y examinar las quejas individuales; y levar a cabo investigaciones en caso de que haya pruebas fiables de violaciones graves y sistemáticas de la Convención.

El Comité también publica su interpretación del contenido de las disposiciones de derechos humanos, conocidas como observaciones generales, sobre cuestiones temáticas.

El Comité se reúne normalmente en Ginebra y celebra dos sesiones al año.

En su trabajo, en particular en sus observaciones finales, comentarios generales, dictámenes sobre comunicaciones individuales y conclusiones de investigaciones, el Comité aclara cómo los Estados Parte deben entender y aplicar el modelo de derechos humanos de la discapacidad.

El Comité proporciona orientación autorizada acerca de las disposiciones de la Convención sobre los derechos de las personas con discapacidad mediante observaciones generales. Estas observaciones generales tienen por objeto ayudar a los Estados Parte a cumplir sus obligaciones.

Por ello, en relación con el artículo 33 de la Convención, el Comité desempeña un papel crucial en el monitoreo y la evaluación del cumplimiento por parte de los Estados Parte de las obligaciones establecidas en este artículo.

El Comité sobre los Derechos de las Personas con Discapacidad evalúa los informes presentados por los Estados Parte, los cuales deben incluir información sobre el cumplimiento del artículo 33. Esto implica detalles sobre las estructuras nacionales creadas para el seguimiento de la Convención y la participación de las personas con discapacidad en dicho proceso.

El Comité revisa estos informes, realiza preguntas y hace recomendaciones a los Estados Parte sobre cómo mejorar sus estructuras de monitoreo, asegurando la plena participación de las personas con discapacidad en el proceso. Además, emite observaciones finales que reflejan su evaluación del cumplimiento de la Convención, incluyendo el artículo 33 y la efectividad de los mecanismos nacionales de seguimiento y participación.

1.3. Relatoría Especial

El Consejo de Derechos Humanos estableció por primera vez el mandato del Relator Especial sobre los derechos de las personas con discapacidad en 2014.

El objetivo de su mandato es reforzar los esfuerzos para reconocer, promover, aplicar y supervisar los derechos de las personas con discapacidad de acuerdo con la Convención y recordar la universalidad, la indivisibilidad, la interdependencia, la interrelación de los derechos humanos y la necesidad de que se garantice a las personas con discapacidad el disfrute pleno de sus derechos sin discriminación alguna.

A partir del 1 de noviembre de 2023, el Consejo de Derechos Humanos de la ONU, designó como Relatora Especial a la Sra. Heba Hagrass[3].

---

[3] Heba Hagrass, es defensora, consultora internacional sobre discapacidad e investigadora sobre los derechos de las personas con discapacidad, y cuenta con una amplia experiencia en Egipto, la región árabe y el resto del mundo. La Sra. Hagrass es socióloga y doctora en Estudios sobre Discapacidad por la Universidad de Leeds (2010), con especialización en derechos de las personas con discapacidad y políticas sociales, género y empleo. A nivel internacional, la Sra. Hagrass fue, en particular, representante de las mujeres con discapacidad en el Caucus Internacional de la Discapacidad (IDC) que participó en la redacción del artículo 6 de la Convención sobre los Derechos de las Personas con Discapacidad (CRPD) sobre las mujeres con discapacidad. De 2015 a 2020, la Sra. Hagrass fue miembro de la Cámara del Parlamento egipcio, donde representó a las personas con discapacidad. En este cargo, presentó cinco proyectos de ley relativos a los derechos de las personas con discapacidad que abarcaban diferentes ámbitos. Antes de ser diputada, fue Secretaria General del Consejo Nacional Egipcio para Asuntos de Discapacidad. Es miembro del

El mandato de la Relatora Especial consiste en:

- Mantener un diálogo regular con los Estados y otras partes interesadas para la identificación, intercambio y buenas prácticas relacionadas con la realización de los derechos de las personas con discapacidad;

- Recibir e intercambiar información y comunicaciones sobre violaciones de los derechos humanos de personas con discapacidad;

- Consultar e implicar, de manera participativa, a las personas con discapacidad y a las organizaciones que los representan en la realización de su trabajo;

- Hacer recomendaciones concretas sobre cómo promocionar y proteger mejor los derechos de las personas con discapacidad, incluyendo cómo promocionar un desarrollo inclusivo y accesible para las personas con discapacidad;

- Ofrecer asistencia técnica para apoyar los esfuerzos nacionales para la realización efectiva de los derechos de personas con discapacidad;

Consejo Nacional de Personas con Discapacidad y del Consejo Nacional de la Mujer. En Egipto, también fue miembro del comité que redactó la Estrategia Nacional de Derechos Humanos y miembro fundador de la Fundación para la Educación Inclusiva, defensora clave para iniciar la implantación de la educación inclusiva en 2009. Entre 2017 y 2020, la Sra. Hagrass fue miembro del Consejo de Gobierno del Consejo Nacional de la Mujer.

- Aumentar la conciencia de los derechos de las personas con discapacidad, combatir el estigma y los estereotipos e informar a las personas con discapacidad de sus derechos;

- Contribuir estrechamente a la aplicación de la Estrategia de Inclusión de las Personas con Discapacidad de las Naciones Unidas y otros esfuerzos para asegurar que el sistema de las Naciones Unidas sea apto para este propósito;

- Cooperar estrechamente con otros mecanismos de derechos humanos de las Naciones Unidas para promover los derechos de las personas con discapacidad de manera coherente;

- Colaborar estrechamente con la Conferencia de los Estados Parte en la Convención y la Comisión de Desarrollo Social y participar en sus períodos de sesiones anuales;

- Incorporar la perspectiva de género en la labor del mandato;

- Informar anualmente al Consejo de Derechos Humanos y a la Asamblea General.

En el desempeño de estas funciones, la Relatora Especial:

Actúa basándose en la información que recibe sobre presuntas violaciones de los derechos humanos de personas con discapacidad haciendo llamamientos urgentes y enviando comunicados a los Estados afectados para aclarar y/o llamar su atención sobre dicha información.

Realiza visitas a los países tras la invitación de los Gobiernos para examinar el estado de protección de los derechos humanos de las personas con discapacidad en el país en cuestión. La Relatora Especial envía un informe de la visita al Consejo de Derechos Humanos en el que expone sus averiguaciones, conclusiones y recomendaciones.

Participa en conferencias, seminarios y paneles sobre temas relacionados con la discapacidad y emite comunicados de prensa.

Informa anualmente al Consejo de Derechos Humanos y a la Asamblea General, en formatos accesibles, sobre la situación global de la protección de las personas con discapacidad, sus mayores preocupaciones y las buenas prácticas observadas en relación con los derechos de las personas con discapacidad. La Relatora Especial formula recomendaciones específicas orientadas a mejorar la protección de los derechos humanos de las personas con discapacidad.

Por lo tanto, existe un trabajo complementario entre las actividades de la Relatora Especial y el mecanismo de seguimiento para asegurar el cumplimiento de los derechos de las personas con discapacidad.

La Relatora Especial trabaja en un nivel internacional, monitoreando la situación de los derechos humanos de las personas con discapacidad y realizando recomendaciones y ofreciendo orientación a los Estados miembros de las Naciones Unidas. Por otro lado, el mecanismo independiente de seguimiento del artículo 33 opera a nivel nacional, supervisando y evaluando la implementación de la Convención dentro de un país específico, asegurándose de que se consulte y se involucre a las personas con discapacidad y a sus organizaciones en el desarrollo e implementación de políticas.

Ambos tienen el objetivo común de promover y proteger los derechos de las personas con discapacidad, pero actúan en diferentes niveles y contextos. Su colaboración puede ser importante, ya que las recomendaciones y hallazgos de la Relatora Especial a nivel internacional pueden servir como apoyo y orientación para fortalecer los mecanismos nacionales, incluyendo el mecanismo independiente, con el fin de mejorar la implementación de la Convención a nivel nacional.

1.4. Importancia de la sociedad civil en el seguimiento y aplicación de la Convención

Los actores de la sociedad civil, los mecanismos de control independientes y las Instituciones Nacionales de Derechos Humanos tienen un papel clave que desempeñar para la defensa de los derechos humanos de las personas con discapacidad.

Las personas con discapacidad desempeñaron un papel determinante en la negociación, la elaboración y la redacción de la Convención, y su labor fue crucial para la redacción del texto final[4].

Por ello, la participación genuina y efectiva de las personas con discapacidad, a través de las organizaciones que las representan, es uno de los pilares de la Convención. Eso se manifiesta en que consagra la obligación de los Estados Parte de celebrar consultas estrechas y colaborar activamente con las personas con discapacidad (art. 4) y la participación de las personas con discapacidad en el proceso de seguimiento (art. 33. 3).

En virtud del artículo 33.3 de la Convención, los Estados Parte deben consultar y cooperar activamente con las orga-

---

[4] Consejo de Derechos Humanos, Informe de la Relatora Especial sobre los derechos de las personas con discapacidad, 12 de enero de 2016, A/HRC/31/6.

nizaciones de la sociedad civil, especialmente con las organizaciones de personas con discapacidad, en la implementación y seguimiento de la Convención.

Este artículo enfatiza la importancia de involucrar a las organizaciones de la sociedad civil, especialmente aquellas que representan los intereses y las experiencias de las personas con discapacidad, en el desarrollo e implementación de políticas, programas y decisiones que les afecten.

El Comité sobre los Derechos de las Personas con Discapacidad, ha subrayado la relevancia de la participación de las organizaciones de la sociedad civil. En sus observaciones generales ha indicado «que los Estados parte deberían apoyar y financiar el fortalecimiento de la capacidad de la sociedad civil, en particular de las organizaciones de personas con discapacidad, a fin de velar por su participación eficaz en los procesos de los marcos independientes de supervisión. Las organizaciones de personas con discapacidad deberían disponer de recursos suficientes, entre otras cosas de apoyo a través de una financiación independiente y gestionada por ellas mismas, para participar en los marcos independientes de supervisión y garantizar que se atiendan los requerimientos de ajustes razonables y accesibilidad de sus miembros»[5].

---

[5] Comité sobre los Derechos de las Personas con Discapacidad, Observación General N.º 7, 9 de noviembre de 2018, CRPD/C/GC/7. Disponible en: https://www.ohchr.org/es/treaty-bodies/crpd/general-comments

Asimismo, en la aplicación y seguimiento de la Convención la participación de las personas con discapacidad y las entidades que las representan debe ser sustantiva y efectiva, es decir, que deben formar y contribuir al desarrollo y labores de los puntos focales y los mecanismos de seguimiento.

Para esto se debe tener en cuenta que los marcos nacionales establecidos para la supervisión «deben contar con oportunidades reales, entre otras cosas, de participar en la elaboración de las normas nacionales de accesibilidad, formular comentarios sobre la legislación vigente y los proyectos de legislación, presentar propuestas con respecto a proyectos de legislación y normas de política y participar plenamente en las campañas de sensibilización y educación. Los procesos de supervisión nacional e internacional de la aplicación de la Convención deben llevarse a cabo de una forma accesible que promueva y garantice la participación efectiva de las personas con discapacidad y las organizaciones que las representan»[6].

En consecuencia, las actividades de vigilancia deberán llevarse a cabo con la participación de las personas con discapacidad, por ejemplo, incluyendo entre los observadores

---

[6] Comité sobre los Derechos de las Personas con Discapacidad, Observación General N.º 12, 22 de mayo de 2014, CRPD/C/GC/2. Disponible en: https://www.ohchr.org/es/treaty-bodies/crpd/general-comments

a personas con discapacidad. Y las voces y experiencias de las personas con discapacidad deberán ocupar un lugar central en los informes de vigilancia[7].

---

[7] Naciones Unidas, Vigilancia del cumplimiento de la Convención sobre los derechos de las personas con discapacidad: Guía para los observadores de la situación de los derechos humanos, 1 de enero de 2010. Disponible en: https://www.ohchr.org/es/publications/policy-and-methodological-publications/monitoring-convention-rights-persons

2. MIS EN ESPAÑA

El gobierno de España firmó y ratificó la Convención en el año 2007, y de acuerdo con lo establecido en el apartado primero del artículo 96 de la Constitución los tratados internacionales válidamente celebrados una vez publicados oficialmente, forman parte del ordenamiento jurídico de España y por tanto son de obligado cumplimiento. Vinculado a esta cuestión, el artículo 10.2 de la Constitución señala que las normas relativas a los derechos fundamentales y a las libertades que la Constitución reconoce se interpretarán de conformidad con la Declaración Universal de Derechos Humanos y los tratados y acuerdos internacionales sobre las mismas materias ratificados por España.

La Dirección General de Derechos de las Personas con Discapacidad (DGDPD) de España es el órgano directivo de la actual Secretaría de Estado de Derechos Sociales, del Ministerio de Derechos Sociales, Consumo y Agenda 2030, que asume el desarrollo de las políticas gubernamentales relativas a la discapacidad y que fue designado, junto a la Oficina de Derechos Humanos del Ministerio de Asuntos Exteriores, Unión Europea y Cooperación, como punto focal de la Convención en España.

Corresponden a este centro directivo, las funciones relativas a la planificación, diseño, gestión y evaluación de los programas de ámbito estatal, así como la coordinación y seguimiento de los órganos consultivos en materia de discapacidad; la propuesta de normativa en las materias de su competencia; la coordinación técnica de los programas de cooperación internacional relativos a la discapacidad; el impulso de políticas sectoriales sobre discapacidad y su coordinación; el fomento de la cooperación con las organizaciones y entidades que agrupan a las personas con discapacidad y sus familias, y la promoción de la igualdad de oportunidades, no discriminación y accesibilidad universal de las personas con discapacidad.

Además, la persona responsable de la DGDPD es, al mismo tiempo, responsable de la dirección del Real Patronato sobre Discapacidad, un organismo autónomo adscrito también al Ministerio de Derechos Sociales, Consumo y Agenda 2030.

Se trata de un organismo centenario, que fue el primero en atender a las personas con discapacidad desde la Administración pública, en una sociedad hostil y reticente a este colectivo. Un organismo, que amparó a estas mujeres, hombres, niñas y niños, cuando se les negaba su condición humana. Su misión es promover la inclusión social según la Convención, generando y transfiriendo conocimiento, cooperando institucionalmente con otros organismos y entidades públicas y privadas, concienciando a la sociedad.

El Real Patronato sobre Discapacidad promueve la investigación, toma de conciencia y programas de intervención pioneros e imprescindibles para asegurar la plena ciudadanía de este colectivo. Un ente público, presidido por SM la Reina, y con representación del Gobierno y de todas las Comunidades Autónomas.

El ejercicio pleno de la ciudadanía implica la presencia y la participación, en condiciones de igualdad, en todas las esferas clave para el desarrollo individual y grupal, como la educación, la salud, el empleo, la salud, la movilidad, la justicia o la seguridad entre otras, para el goce efectivo de los derechos humanos.

En este sentido, se precisa de la transversalidad de las políticas de discapacidad. Así, junto a estos agentes clave se encuentran otros departamentos ministeriales que, dentro de su sector de actividad y competencias, actúan con iniciativas que contribuyen a mejorar la vida de las personas con discapacidad.

Gran parte de ellos, junto a la sociedad civil, están presentes y participan en el Consejo Nacional de la Discapacidad.

Este órgano colegiado interministerial, de carácter consultivo, es uno de los canalizadores del diálogo civil, derecho que consagra la participación de las personas con discapacidad en asuntos públicos y políticos, proclamado en la Convención y en la propia Ley General de Discapacidad como un principio inspirador de la misma.

De esta manera, el diálogo civil se concibe como un instrumento para una nueva gobernanza perfeccionada, donde la toma de decisiones se comparte y se hace corresponsable. Todas las políticas públicas sociales, de igualdad o de inclusión, han de estar presidida y permeadas por este principio.

En el Consejo Nacional de la Discapacidad se institucionaliza la colaboración del movimiento asociativo de las personas con discapacidad y sus familias y la Administración General del Estado, para la definición y coordinación de las políticas públicas que garanticen los derechos de las personas con discapacidad.

En particular, corresponde al Consejo Nacional de la Discapacidad la promoción de la igualdad de oportunidades y no discriminación de las personas con discapacidad, siendo el mecanismo de coordinación de la Convención designado en España, sin perjuicio de las funciones del Defensor del Pueblo como Alto Comisionado para la defensa de los derechos humanos.

Hay que recordar también que, dada la distribución competencial otorgada por la Constitución Española, son las Comunidades Autónomas las responsables de la atención directa de las personas con discapacidad, a través de los servicios sociales, además de otras competencias de gestión y desarrollo en ámbitos clave para concretar condiciones y medidas para su participación e inclusión social (salud, educación, vivienda…).

En este sentido, también constituyen órganos de gran relevancia los instrumentos actuales para el impulso consensuado de políticas y actuaciones en el conjunto del Estado en distintos ámbitos clave, como es el Consejo Interterritorial del Sistema Nacional de Salud (órgano permanente de coordinación, cooperación, comunicación e información de los servicios de salud, entre ellos y con la Administración del Estado, que tiene como finalidad promover la cohesión del Sistema Nacional de Salud a través de la garantía efectiva de los derechos de los ciudadanos en todo el territorio del Estado), o el Consejo Territorial de Servicios Sociales y del Sistema para la Autonomía y Atención a la Dependencia (instrumento de cooperación para la articulación de los servicios sociales y la promoción de la autonomía y atención a las personas en situación de dependencia adscrito al Ministerio de Derechos Sociales, Consumo y Agenda 2030, constituido por la persona titular de dicho Ministerio y por las personas titulares de las consejerías competentes en materia de servicios sociales y de dependencia de cada una de las Comunidades Autónomas).

También hay que tener en cuenta a los actores clave de la Administración local, destacando a la Federación Española de Municipios y Provincias (FEMP), un organismo plenamente consolidado en su papel de representación y defensa de los intereses locales para seguir trabajando en defensa de la autonomía local y de las entidades locales españolas.

Por último y, en tercer lugar, el conjunto de la sociedad y sus distintos agentes clave en todos los ámbitos básicos para la inclusión y participación de las personas con discapacidad y para el ejercicio de sus derechos, constituyen asimismo agentes básicos a quienes involucrar: entre otros, operadores jurídicos y administrativos, profesionales en los ámbitos de salud y servicios sociales, tejido empresarial, centros educativos, universidades y centros de investigación e innovación, operadores en el ámbito del urbanismo, la edificación y el diseño, así como en la cultura y el deporte, o en cualquier otro ámbito de participación social.

2.1. El Comité Español de Representantes de Personas con Discapacidad (CERMI)

El Comité Español de Representantes de Personas con Discapacidad (CERMI) es la expresión del movimiento social de la discapacidad para la incidencia, la representación y la interlocución políticas. Su misión, establecida y asumida por sus entidades miembro, consiste en articular y vertebrar el movimiento social de la discapacidad para, desde la cohesión y la unidad del sector y respetando siempre el pluralismo inherente a un segmento social tan diverso, desarrollar una acción política representativa en defensa de los derechos e intereses de las personas con discapacidad, tanto colectiva como individualmente.

El CERMI traslada ante los poderes públicos, los distintos agentes y operadores y la sociedad, mediante propuestas constructivas, articuladas y contrastadas técnicamente, las necesidades y demandas del grupo de población de la discapacidad, asumiendo y encauzando su representación, convirtiéndose en interlocutor y referente del sector para promover la no discriminación, la igualdad de oportunidades, la emancipación social y, en general, la mejora de las condiciones de vida de las ciudadanas y ciudadanos españoles con discapacidad y de sus familias.

En el año 2011 el CERMI fue designado oficialmente por el Estado español como mecanismo independiente y de seguimiento de la aplicación de la Convención Internacional sobre los Derechos de las Personas con Discapacidad en España. Eso le otorga una serie de atribuciones reforzadas en relación con Naciones Unidas y con el Estado español como signatario de este Tratado Internacional de Derechos Humanos.

Este reconocimiento ha alcanzado rango normativo al ser establecido, en virtud de lo contenido en la Disposición adicional primera del Real Decreto 1276/2011, de 16 de septiembre, de adaptación normativa a la Convención:

Designación de mecanismo independiente para promover, proteger y supervisar en España la Convención Internacional sobre los Derechos de las Personas con Discapacidad. Sin perjuicio de las funciones del Defensor del Pueblo como Alto Comisionado para la defensa de los derechos humanos, y a los efectos del número 2 del artículo 33 de la Convención Internacional sobre los Derechos de las Personas con Discapacidad, se designa al Comité Español de Representantes de Personas con Discapacidad (CERMI), en tanto que asociación de utilidad pública más representativa en el ámbito estatal de los diferentes tipos de discapacidad, como mecanismo independiente para promover, proteger y supervisar la aplicación en España del citado Tratado Internacional.

Para el desarrollo de este cometido y el buen desempeño de sus funciones, el CERMI dispone de una infraestructura apropiada, así como de fondos suficientes que garanticen que la institución sea autónoma respecto de la Administración y no esté sujeta a un control financiero que pueda comprometer su independencia. Esta labor se articula a través de una Delegación Permanente de Derechos y Humanos y para la Convención, así como de un Comité de Apoyo, como instancia experta, abierto a la sociedad civil, que respalda y asiste al CERMI en esta tarea. El Comité de Apoyo lo conforman representantes de la sociedad civil, organizaciones de derechos humanos y de la discapacidad, de la esfera parlamentaria, del ámbito institucional, del mundo académico y de los agentes sociales, entre otros.

Asimismo, CERMI goza del estatus consultivo ante ECOSOC (Consejo Económico y Social de la ONU) que forma parte del núcleo del sistema de las Naciones Unidas y tiene como objetivo promover la materialización de las tres dimensiones del desarrollo sostenible (económica, social y ambiental). Este órgano constituye una plataforma fundamental para fomentar el debate y el pensamiento innovador, alcanzar un consenso sobre la forma de avanzar y coordinar los esfuerzos encaminados al logro de los objetivos convenidos internacionalmente.

2.2. El Defensor del Pueblo

La Constitución de España en su artículo 54 establece que «Una ley orgánica regulará la institución del Defensor del Pueblo, como alto comisionado de las Cortes Generales, designado por estas para la defensa de los derechos comprendidos en este Título, a cuyo efecto podrá supervisar la actividad de la Administración, dando cuenta a las Cortes Generales».

Ley Orgánica 3/1981, de 6 de abril, indica que el cargo de Defensor del Pueblo es elegido por las Cortes Generales, por las tres quintas partes de los miembros del Congreso, y ratificado a continuación, por la misma mayoría, por parte del Senado.

Cualquier español mayor de edad puede ser elegido, y el mandato es de cinco años, transcurridos los cuales entra en funciones de defensor el adjunto primero, hasta que es elegido el nuevo titular.

Cabe destacar que desempeña sus funciones con independencia e imparcialidad, con autonomía y según su criterio, y goza de inviolabilidad e inmunidad en el ejercicio de su cargo. Además, para el ejercicio de sus funciones el Defensor del Pueblo está auxiliado por adjuntos, en los que puede delegar sus funciones.

El Defensor del Pueblo, es la Institución Nacional de Derechos Humanos (INDH) en España, desarrolla relaciones de colaboración y asistencia técnica con las instituciones nacionales homólogas de otros Estados y facilita de forma independiente el seguimiento que periódicamente realizan las organizaciones internacionales sobre la situación en España de los derechos humanos.

El Defensor del Pueblo da cuenta de su gestión a las Cortes Generales en un informe anual y puede presentar informes monográficos sobre asuntos que considere graves, urgentes o que requieran especial atención.

Ley 36/1985, de 6 de noviembre, por la que se regulan las relaciones entre la Institución del Defensor del Pueblo y las figuras similares en las distintas Comunidades Autónomas, indica que a fin de desarrollar y concretar adecuadamente la colaboración y coordinación entre el Defensor del Pueblo y los Comisionados parlamentarios autonómicos, se concertarán entre ellos acuerdos sobre los ámbitos de actuación de las Administraciones públicas objeto de supervisión, los supuestos de actuación de los Comisionados parlamentarios, las facultades que puedan ejercitar, el procedimiento de comunicación entre el Defensor del Pueblo y cada uno de dichos Comisionados parlamentarios, y la duración de los propios acuerdos.

El Real Decreto 1276/2011, de 16 de septiembre, de adaptación normativa a la Convención Internacional sobre los derechos de las personas con discapacidad, indica que el Defensor del Pueblo posee el rol de Comisionado para la defensa de los derechos humanos en materia de la Convención, y por tanto también se constituye como mecanismos de seguimiento, acorde a lo dispuesto por el artículo 33.2 de la Convención.

3. EXPERIENCIAS COMPARADAS

3.1. Unión Europea[8]

La Unión Europea (UE) firmó la Convención el 30 de marzo del 2007 y la ratificó el 5 de enero del 2011. Desde entonces ha sido firmada por la totalidad de los 27 países de la UE. Su alcance es muy importante porque aproximadamente 80 millones de personas de la Unión Europea tiene algún tipo de discapacidad.

La firma y ratificación de la Convención implica garantizar que toda la legislación, las políticas y los programas a nivel de la UE cumplen las disposiciones de la misma.

---

[8] https://fra.europa.eu/es/content/marco-de-la-ue-relativo-la-convencion-de-las-naciones-unidas-sobre-los-derechos-de-las

La Estrategia de la UE sobre los derechos de las personas con discapacidad 2021-2030, se centra en avanzar hacia una situación en la que, con independencia de su sexo, origen racial o étnico, religión o creencias, edad u orientación sexual, todas las personas con discapacidad en Europa puedan hacer valer sus derechos humanos y disfruten de igualdad de oportunidades y de participación en la sociedad y la economía sin discriminación.

El marco comunitario exigido por el artículo 33.2 de la Convención consta de cuatro miembros: el Defensor del Pueblo Europeo; la Agencia de los Derechos Fundamentales; Comisiones del Parlamento Europeo y el Foro Europeo de la Discapacidad. Su objetivo es complementar y mejorar las sinergias con los marcos nacionales de supervisión, los cuales son responsables de promover, proteger y supervisar la aplicación de la Convención a nivel nacional.

De acuerdo con sus respectivas competencias y mandatos, los miembros contribuyen a título colectivo a la promoción; la protección y la supervisión de la aplicación de la Convención por la UE. También contribuye activamente al examen de la aplicación de la Convención en la Unión Europea por el Comité sobre los Derechos de las Personas con Discapacidad.

En la práctica, su funcionamiento se basa en que los miembros comparten información y tienen en cuenta las actividades de los demás. Alcanzan un acuerdo sobre un programa de trabajo, que puede incluir actividades ejecutadas por varios miembros de manera conjunta o por el marco en su totalidad.

La Presidencia se nombra por un periodo de un año y está sujeta a un sistema de rotación. La Presidencia promueve el principio de «colegialidad», que es inherente a los métodos de trabajo.

La Secretaría es nombrada para un periodo de dos años y coordina la organización y preparación de las reuniones.

Al menos se deben celebrar dos reuniones al año en donde las decisiones se toman por consenso.

3.1.1. Defensor del Pueblo Europeo[9]

El Defensor del Pueblo Europeo es un órgano independiente e imparcial encargado de garantizar que las agencias e instituciones de la UE respeten la obligación de rendir cuentas, así como de promover la buena administración. Fue establecido en 1992, y su sede está en Estrasburgo, Francia.

---

[9] https://www.ombudsman.europa.eu/es/european-network-of-ombudsmen/about/es

Cuenta con la facultad para investigar denuncias, trabajar la incidencia, y gestionar la cooperación entre los diferentes Defensores del Pueblo de la Unión Europea.

Además, el Defensor del Pueblo presenta cada año al Parlamento Europeo un informe sobre el resultado de sus investigaciones.

El cargo del Defensor del Pueblo Europeo es ocupado por una persona elegida por el Parlamento Europeo, y su mandato es de cinco años.

En relación con la Convención, el Defensor del Pueblo Europeo trabaja para asegurar que se respeten y protejan los derechos de todas las personas, incluyendo específicamente a las personas con discapacidad. Tiene la responsabilidad de investigar las denuncias de mala administración en las instituciones y órganos de la UE, incluyendo aquellas relacionadas con presuntas violaciones de derechos o discriminación hacia personas con discapacidad. Su labor incluye asegurar que las políticas y prácticas de la Unión Europea estén alineadas con los principios de la Convención y que se respeten los derechos de las personas con discapacidad en el ámbito de la UE.

3.1.2. Agencia de los Derechos Fundamentales (FRA)[10]

La Agencia de los Derechos Fundamentales es un órgano independiente constituido en el año 2007, con sede en Viena.

La Agencia monitorea, investiga y recopila datos sobre una amplia gama de áreas relacionadas con la Carta de los Derechos Fundamentales de la Unión Europea, incluyendo la no discriminación, la igualdad de género, la justicia, la privacidad, la migración, la inclusión social, la discriminación por motivos de edad, orientación sexual, discapacidad, entre otros.

En cuanto al trabajo que realiza en materia de discapacidad, examina dónde existen barreras jurídicas y sociales, e identifica las prácticas que los Estados miembros de la UE han introducido para empoderar a las personas con discapacidad, también elabora indicadores de derechos humanos para mostrar cómo cumplen los Estados miembros sus obligaciones en virtud de la Convención.

Sus actividades se centran en recopilar y analizar leyes y datos; proporcionar asesoramiento independiente y con-

---

[10] https://fra.europa.eu/es/theme/people-disabilities

trastado sobre derechos; detectar tendencias recopilando y analizando datos comparables; ayudar a mejorar la legislación y su aplicación; apoyar respuestas políticas respetuosas con los derechos; reforzar la cooperación y los vínculos entre los agentes de derechos fundamentales.

Además, como parte del Marco de la UE para promover, proteger y supervisar la aplicación de la Convención, la Agencia de los Derechos Fundamentales contribuye a garantizar que la UE aplique la convención con eficacia y eficiencia en su ámbito de competencia.

3.1.3. Parlamento Europeo[11]

El Parlamento Europeo es un importante foro de debate político y de decisión a nivel de la UE. La ciudadanía de los Estados miembros elige directamente a través del voto a los diputados del Parlamento Europeo para que representen sus intereses en el proceso legislativo de la UE y garanticen el funcionamiento democrático de otras instituciones de la Unión.

Junto con el Consejo de la UE, el Parlamento Europeo aprueba legislación para mejorar la protección de los derechos fundamentales.

---

[11] https://www.europarl.europa.eu/about-parliament/es/home

Además, el Parlamento tiene la capacidad de impulsar su propia agenda legislativa e instar a la Comisión a proponer medidas en áreas específicas, incluyendo las relacionadas con la discapacidad.

A través de sus comisiones y actividades legislativas, el Parlamento Europeo aborda las cuestiones relacionadas con la discapacidad y trabaja para garantizar la implementación de la Convención en la legislación y políticas de la UE.

3.1.4. Foro Europeo de la Discapacidad (EDF)[12]

El Foro Europeo de la Discapacidad es una organización no gubernamental que representa los intereses de las personas con discapacidad y sus familias.

Fue creado en 1996 y actúa como foro de cooperación entre diversas organizaciones representativas de personas con discapacidad en la UE.

Colabora estrechamente con instituciones de la UE, gobiernos nacionales y otras organizaciones para garantizar que las políticas y acciones estén alineadas con los principios de inclusión y respeto de los derechos fundamentales

---

[12] https://www.edf-feph.org/

de las personas con discapacidad en toda Europa. Por ello, realizan un seguimiento de la política de la UE y coordinan una orientación exhaustiva con sus miembros para defender los derechos de las personas con discapacidad trabajando en instituciones y agencias de la UE.

Además, actúa en la defensa de los derechos de las personas con discapacidad ante las instituciones europeas, incluidos el Parlamento Europeo, la Comisión Europea y el Consejo de la UE.

El trabajo que lleva a cabo se organiza a través de cuatro Comisiones: Derechos Humanos y no Discriminación; Política Social e Inclusión; Mujer y Juventud.

Sus ejes rectores se centran en abogar por una mejor accesibilidad en todos los ámbitos de la vida de las personas con discapacidad; asegurar el derecho al disfrute del más alto nivel posible de salud sin discriminación por motivos de discapacidad; atacar la discriminación múltiple e interseccional que afecta a mujeres y niñas con discapacidad; asegurar la participación de los jóvenes; fomentar la cooperación internacional; garantizar la inclusión en el empleo, la protección social, la contratación pública y las ayudas estatales, la desinstitucionalización y la vida independiente, los programas europeos de educación y formación y el presupuesto de la UE; acceso a la justicia y participación política.

En cuanto a la Convención, tiene una participación activa en la aplicación y el seguimiento de la misma. En este sentido, su colaboración activa contribuye a la implementación, monitoreo y seguimiento de la Convención a nivel europeo.

3.2. Reino Unido

El gobierno de Reino Unido firmó la Convención en el año 2007 y la ratificó en el año 2009.

Cuenta con la Ley de Igualdad del 2010 (aplicable en todo el territorio, salvo Irlanda del Norte) que protege legalmente a las personas contra la discriminación en el trabajo y en la sociedad en general. Sustituye a las anteriores leyes antidiscriminación (tales como: Ley de Discriminación Sexual de 1975; Ley de Relaciones Raciales de 1976; Ley de Discriminación por Discapacidad de 1995) por una única ley, lo que facilita su comprensión y refuerza la protección en algunas situaciones.

Además, vinculado a lo anterior, se implementó el Deber de Igualdad del Sector Público que entró en vigor en Reino Unido el 5 de abril de 2011. Los organismos públicos deben tener en cuenta a todas las personas a la hora de llevar a cabo su trabajo diario: en la elaboración de políticas, en la prestación de servicios y en la relación con sus propios empleados.

El organismo estatal encargado de aplicar la Convención es la Unidad de Discapacidad dependiente de la Oficina de Gabinete del Ministro[13].

La Oficina del Gabinete del Ministro se encarga de apoyar al Primer Ministro en la gestión eficaz del gobierno. Además, lidera la gestión ciertas materias clave para la política nacional.

La Unidad de Discapacidad[14] fue creada en noviembre de 2019, reuniendo a la Oficina para Asuntos de Discapacidad y otros expertos de todo el gobierno. Forman parte de ella el Centro para la Igualdad (Equality Hub) en la Oficina del Gabinete, la Unidad de Disparidad Racial, la Oficina de Igualdad del Gobierno y la Comisión de Movilidad Social.

Sus oficinas están ubicadas en Londres, Sheffield y Leeds.

La Unidad de Discapacidad tiene por objeto eliminar las barreras a las que se enfrentan las personas con discapacidad.

---

[13] https://www.gov.uk/government/organisations/cabinet-office/about
[14] https://www.gov.uk/government/organisations/disability-unit

Su función es llevar a cabo la Estrategia Nacional sobre Discapacidad ; apoyar al Ministro de Personas con Discapacidad, Salud y Trabajo; coordinar con otras unidades para desarrollar y supervisar políticas que eliminen las barreras a las que se enfrentan las personas con discapacidad; planificar y diseñar políticas en el ámbito estatal situando en el centro las opiniones, percepciones y experiencias vividas por las personas con discapacidad; garantizar que la política británica en materia de discapacidad y las personas con discapacidad estén representadas en las plataformas internacionales.

Para el 2023 y 2024, sus prioridades se centran en aplicar la Estrategia Nacional sobre Discapacidad; publicar y cumplir las propuestas del Plan de Acción sobre Discapacidad; garantizar la plena participación de las personas con discapacidad en el diseño y planificación de políticas; establecer y mantener relaciones con las personas con discapacidad y sus organizaciones.

La Estrategia Nacional sobre Discapacidad del año 2022[15], es la manifestación del compromiso de los gobiernos de Inglaterra, Gales y Escocia, así como el Ejecutivo de Irlanda

---

[15] https://www.gov.uk/government/publications/national-disability-strategy/forewords-about-this-strategy-action-across-the-uk-executive-summary-acknowledgements#about-this-strategy

del Norte, para transformar la vida cotidiana de las personas con discapacidad. Reconoce y se basa en los progresos realizados desde que se introdujo la Ley de Discriminación por Discapacidad. Y es un plan dinámico, que abarca a más de 14 millones de personas.

El Plan de Acción sobre Discapacidad, centrado en introducir cambios prácticos en las políticas para reforzar la capacidad de las personas con discapacidad de participar plenamente en la sociedad.

Además, en Reino Unido cuentan con la Línea de Ayuda sobre Discriminación del Servicio de Asesoramiento y Apoyo para la Igualdad (Equality Advisory & Support Service- EASS)[16], que asesora y asiste a particulares en cuestiones relacionadas con la igualdad y los derechos humanos en Inglaterra, Escocia y Gales.

Ahora bien, para cumplir con lo indicado en el artículo 33. 2 de la Convención, se estableció que el Mecanismo Independiente del Reino Unido (UK Independent Mechanism-UKIM) está conformado por:

- Inglaterra y Gales: la Comisión de Igualdad y Derechos Humanos (Equality and Human Rights Commission-EHRC)

---

[16] https://www.equalityadvisoryservice.com/

- Escocia: la Comisión Escocesa de Derechos Humanos (Scottish Human Rights Commission- SHRC)
- Irlanda Norte: la Comisión de Derechos Humanos de Irlanda del Norte (Northern Ireland Human Rights Commission -NIHRC) y la Comisión de Igualdad para Irlanda del Norte (Equality Commission for Northern Ireland-ECNI).

3.2.1. Inglaterra y Gales: la Comisión de Igualdad y Derechos Humanos (Equality and Human Rights Commission-EHRC)[17]

En el territorio de Inglaterra, Gales y Escocia la Institución Nacional de Derechos Humanos es la Comisión de Igualdad y Derechos Humanos (Equality and Human Rights Commission-EHRC). Fue creada a partir de la Ley de Igualdad en el año 2006, y reúne el trabajo la Comisión para la Igualdad Racial (CRE); la Comisión de Derechos de las Personas con Discapacidad (CRD) y la Comisión de Igualdad de Oportunidades (COE).

Está acreditada como Institución Nacional de Derechos Humanos (INDH) de categoría "A" en el sistema de las Naciones Unidas.

---

[17] https://www.equalityhumanrights.com/

Se encarga de supervisar el cumplimiento de los tratados en materia de derechos humanos firmados y ratificados por el Reino Unido.

Entre sus labores y objetivos destacan: proveer de información a la ciudadanía; gestionar políticas públicas en materia de igualdad y derechos humanos; supervisar la eficacia de las leyes en materia de igualdad y los derechos humanos; llevar a cabo investigaciones; brindar apoyo a las organizaciones; otorgar asesoramiento y orientaciones a particulares, empresas y organizaciones.

El nombramiento de su Presidente y Comisario se efectúa directamente por la Ministra de la Mujer y la Igualdad. Cuenta con un Consejo de Comisarios que es el órgano decisorio de más alto nivel de la organización, responsable de la supervisión estratégica de la Comisión. Además de un Director General y un equipo de trabajo.

3.2.2. Escocia: la Comisión Escocesa de Derechos Humanos (Scottish Human Rights Commission- SHRC)[18]

La Comisión Escocesa de Derechos Humanos es un organismo público independiente, establecido en la Ley de la

---

[18] https://www.scottishhumanrights.com/

Comisión Escocesa de Derechos Humanos de 2006. Cuenta con la calidad de Institución Nacional de Derechos Humanos (INDH) de categoría "A" en el sistema de las Naciones Unidas.

Entre sus labores destacan recomendar cambios en la legislación, la política y la práctica; promover los derechos humanos mediante la educación, realizar investigaciones sobre las políticas y prácticas de las autoridades públicas escocesas.

La Comisión tiene la obligación general de promover el conocimiento, la comprensión y el respeto de todos los derechos humanos —económicos, sociales, culturales, civiles y políticos— entre todas las personas, en cualquier lugar de Escocia, y de fomentar las mejores prácticas en relación con los derechos humanos.

3.2.3. Irlanda del Norte: la Comisión de Derechos Humanos de Irlanda del Norte (Northern Ireland Human Rights Commission -NIHRC) y la Comisión de Igualdad para Irlanda del Norte (Equality Commission for Northern Ireland-ECNI)[19]

En Irlanda del Norte cuentan con el Comité Mixto para el Mecanismo Independiente para Irlanda del Norte del que

---

[19] https://www.equalityni.org/uncrpd

forman parte la Comisión de Derechos Humanos de Irlanda del Norte (Northern Ireland Human Rights Commission - NIHRC) y la Comisión de Igualdad para Irlanda del Norte (Equality Commission for Northern Ireland-ECNI).

El Mecanismo Independiente proporciona colectivamente o a través del trabajo de cada Comisión, comentarios y asesoramiento sobre proyectos de ley, políticas y prácticas, y sobre las medidas que deberían adoptarse para garantizar los derechos humanos de las personas con discapacidad. La supervisión de la aplicación de la Convención consiste en examinar en qué medida la legislación, las políticas y las prácticas nacionales se ajustan a la Convención mediante comentarios al informe del Estado Parte y/o la presentación de su propio Informe Paralelo al Comité de las Naciones Unidas sobre los Derechos de las Personas con Discapacidad.

El Mecanismo Independiente para Irlanda del Norte puede recurrir a una serie de herramientas para supervisar y evaluar la aplicación de la Convención por parte del Estado Parte y centrarse en cuestiones específicas según considere oportuno.

Al llevar a cabo su labor de protección, y cuando proceda, el Mecanismo Independiente para Irlanda del Norte recibirá y examinará denuncias individuales y colectivas, prestará asistencia a los casos a través de procesos jurídicos o de otro tipo, realizará indagaciones o investigaciones y emitirá informes de conformidad con las competencias legales de la Comisión de Igualdad para Irlanda del Norte y/o de la Comisión de Derechos Humanos de Irlanda del Norte.

3.3. México

En el año 2007, el gobierno mexicano firmó y ratificó la Convención.

El Estado mexicano cuenta con la Ley General para la Inclusión de las Personas con Discapacidad del año 2011 que establece las condiciones en las que el Estado debe promover, proteger y asegurar el pleno ejercicio de los derechos humanos y libertades fundamentales de las personas con discapacidad.

Además, está el Consejo Nacional para el Desarrollo y la Inclusión de las Personas con Discapacidad (CONADIS), que tiene el propósito de establecer la política pública para las personas con discapacidad, así como promover sus derechos humanos, su plena inclusión y participación en todos los ámbitos de la vida, en coordinación con diversas instituciones del Gobierno Federal.

También cuentan con la Ley para la Protección, Integración y Desarrollo de las Personas con Discapacidad del Estado de México de 2012, la cual tiene por objeto garantizar y proteger el goce y la inclusión social de las personas con discapacidad dentro de un marco de igualdad, respeto y equiparación de oportunidades, para su plena integración social y favorecer su desarrollo en todos los ámbitos de la vida.

También se debe tener en cuenta la Ley para la Inclusión de las Personas en Situación de Discapacidad del Estado de México del 2021, que tiene por objeto promover, proteger y garantizar el pleno ejercicio de los derechos y libertades fundamentales de las personas en situación de discapacidad, dentro de un marco de respeto, igualdad, dignidad, perspectiva de género y equiparación de oportunidades, para su plena inclusión y desarrollo en todos los ámbitos de la vida.

El Instituto Mexiquense para la Protección e Integración al Desarrollo de las Personas con Discapacidad es un organismo público descentralizado, con personalidad jurídica y patrimonio propio. Tiene por objetivo asegurar la aplicación, ejecución y cumplimiento de la Convención y otras labores vinculadas tales como formular políticas y programas en materia de discapacidad; promover acciones en materia de salud, trabajo, educación, deporte, cultura, movilidad, transporte y comunicaciones.

Para dar cumplimento al artículo 33. 2 de la Convención, México cuenta con el Mecanismo Independiente de Monitoreo Nacional encargado de vigilar el cumplimiento de la Convención por parte de las autoridades federales y estatales.

Está conformado por un Consejo General integrado por el Presidente de la Comisión Nacional de los Derechos Humanos, los presidentes de cada una de las Comisiones Estatales de Derechos Humanos de los 31 Estados de la República Mexicana y el Presidente de la Comisión de los Derechos Humanos de la Ciudad de México. Su funcionamiento se organiza mediante la distribución de Presidente; Vicepresidente; Secretaría Ejecutiva; Cuatro Vocales Regionales y un Comité Técnico de Consulta.

El Comité Técnico de Consulta es un cuerpo colegiado integrado por 7 miembros, de los cuales 5 pertenecen a organizaciones de la sociedad civil.

Entre sus funciones, destacan apoyar a los Organismos Públicos en materias relativas a la Convención; desarrollar las acciones para la prevención y auxilio en caso de discriminación de las personas con discapacidad; actividades de capacitación; evaluar de políticas públicas; supervisar y promocionar el respeto a los derechos.

En cuanto a su funcionamiento como Mecanismo Independiente explícitamente señala que su labor es monitorear la aplicación de la Convención, mediante el diseño de instrumentos de supervisión y seguimiento[20].

Por ello, cuenta con las facultades para elaborar estándares y criterios de actuación para la realización de acciones de supervisión y seguimiento, frente a las dependencias y entidades de la Administración Pública Federal, de los gobiernos de los Estados y de la Ciudad de México, con el propósito de que las mismas resulten uniformes, homogéneas, expeditas y suficientes para el cumplimiento de esta labor; trabajar en colaboración con los mecanismos estatales, diseñar y operar una base o matriz de datos que permita almacenar y analizar la información que se obtenga de las diversas instancias públicas requeridas; proponer acuerdos; actuar en colaboración con el o los organismos gubernamentales que hayan sido designados para encargarse de la aplicación de la Convención o en su caso, con el Mecanismo de Coordinación que se establezca o designe para el mismo fin, con el propósito de definir estrategias y acciones de trabajo que faciliten la labor de supervisión y seguimiento de este mecanismo independiente y propicie así la participación en la promoción, orientación, asesoría en todo aquello que se

---

[20] https://appweb.cndh.org.mx/MecanismoDiscapacidad_proceso/Main/reglas_de_operacion#

relacione con la aplicación de la Convención. Por otro lado, recibir por conducto de las autoridades competentes de las dependencias y entidades de la Administración Pública Federal, así como de los gobiernos de las entidades federativas y de la Ciudad de México en vía de colaboración, en forma oportuna, periódica y permanente, informes, datos estadísticos derivados de encuestas y registros de toda índole con que cuenten, así como documentación que acredite su labor, como resultado de la ejecución de políticas públicas, programas y acciones en asuntos de las personas con discapacidad en el marco de la Convención.

3.4. República Checa

El Defensor del Pueblo de República Checa (oficialmente Defensor Público de los Derechos) fue instaurado como institución en el año 2000 con la misión de proteger a las personas contra la conducta de las autoridades y otras instituciones si dicha conducta es contraria a la ley, no se corresponde con los principios del Estado democrático de derecho o en caso de que las autoridades no actúen como es debido.

El Defensor del Pueblo también protege a las personas frente a la discriminación, realiza visitas a los centros penitenciarios, se esfuerza por prevenir los malos tratos y vigila los derechos de las personas con discapacidad.

El Defensor del Pueblo es elegido por la Cámara de Diputados de la República Checa entre los candidatos propuestos por el Presidente y el Senado. Su mandato es de seis años y no puede ser destituido, cuenta con un adjunto que también es elegido por la Cámara de Diputados y en él delega el cumplimiento de sus funciones.

Desde el año 2018, el Defensor del Pueblo ha estado supervisando la protección de los derechos en virtud de la Convención de la ONU sobre los Derechos de las Personas con Discapacidad y ha facilitado información sobre sus investigaciones y denuncias recibidas al Comité de la ONU sobre los Derechos de las Personas con Discapacidad y también a las autoridades nacionales.

Junto con las investigaciones y denuncias recibidas, también ha realizado encuestas y elaborado recomendaciones para mejorar la situación de las personas con discapacidad.

En el marco de sus relaciones con la sociedad civil checa, el Defensor del Pueblo coopera directamente con personas con discapacidad y organizaciones de dicho sector sin ánimo de lucro. También han trabajado con las autoridades municipales que actúan en calidad de tutores públicos en aquellos casos en que fuera necesario.

El Defensor del Pueblo de República Checa cuenta con un órgano consultivo compuesto por personas con discapacidad y defensores de derechos de las personas con discapacidad. Dicho órgano consultivo tiene entre sus funciones buscar soluciones a problemas sistémicos, ayudar a establecer prioridades, formular recomendaciones e identificar cuestiones que deban abordarse en el ámbito de los derechos humanos de las personas con discapacidad. El órgano consultivo también vela por que las personas con discapacidad estén informadas de las actividades del Defensor del Pueblo.

El Comité de la ONU sobre los Derechos de las Personas con Discapacidad evalúa periódicamente la situación en los distintos países y, si procede, les sugiere recomendaciones para mejorar la situación. El Defensor del Pueblo proporciona al Comité los documentos de base e informa al Comité de sus conclusiones, que el Comité tendrá en cuenta en la comunicación con el Gobierno de la República Checa y en la formulación de recomendaciones.

Desde el Defensor del Pueblo de República Checa se envía al Comité ONU un informe de seguimiento sobre la aplicación de la Convención sobre los derechos de las personas con discapacidad, que no sólo describe la situación real, sino que también responde al informe de la República Checa. Además, elabora una lista de preguntas que el Comité ONU puede utilizar para elaborar su propia lista de cuestiones, a las que deberá responder la República Checa como Estado parte de la Convención.

Entre los objetivos que persigue el Defensor del Pueblo está mejorar la accesibilidad de la información para todas las personas sin perjuicio del tipo de discapacidad que tengan. Por ello, fueron la primera y única institución pública de la República Checa en traducir toda la Convención a lengua de signos y en todas sus comunicaciones intentan asegurar la accesibilidad cognitiva y la utilización de un lenguaje claro y sencillo.

4. BIBLIOGRAFÍA

Asamblea General de Naciones Unidas, Principios relativos al estatuto de las Instituciones Nacionales (Principios de París) 20 diciembre 1993, Resolución 48/134. Disponible en: https://www.ohchr.org/es/instruments-mechanisms/instruments/principles-relating-status-national-institutions-paris

Comité sobre los Derechos de las Personas con Discapacidad, Observación General N.º 2, 22 de mayo de 2014, CRPD/C/GC/2. Disponible en: https://www.ohchr.org/es/treaty-bodies/crpd/general-comments

Comité sobre los Derechos de las Personas con Discapacidad, Observación General N.º 7, 9 de noviembre de 2018, CRPD/C/GC/7. Disponible en: https://www.ohchr.org/es/treaty-bodies/crpd/general-comments

Consejo de Derechos Humanos, Informe de la Relatora Especial sobre los derechos de las personas con discapacidad, 12 de enero de 2016, A/HRC/31/6.

Constitución Española, 1978.

Convención sobre los Derechos de las Personas con Discapacidad.

Naciones Unidas, Vigilancia del cumplimiento de la Convención sobre los derechos de las personas con discapacidad: Guía para los observadores de la situación de los derechos humanos, 1 de enero de 2010. Disponible en: https://www.ohchr.org/es/publications/policy-and-methodological-publications/monitoring-convention-rights-persons

Protocolo Facultativo de la Convención sobre los Derechos de las Personas con Discapacidad.